AF246131

NOTICE HISTORIQUE

M. LE GÉNÉRAL SABATIER,

LUE DANS UNE ASSEMBLÉE PIEUSE

LE DIMANCHE 28 MAI 1843.

TOULOUSE.

IMPRIMERIE DE VEUVE DIEULAFOY,
rue des Chapeliers, 13.

—

1843.

NOTICE HISTORIQUE

SUR

M. LE GÉNÉRAL SABATIER,

lue dans une assemblée pieuse

LE DIMANCHE 28 MAI 1843.

———

Messieurs,

Ayant accepté, par obéissance, la mission trop honorable pour moi de vous présenter une notice sur la vie du regrettable général *Sabatier*, je viens aujourd'hui remplir ce douloureux devoir, en présence de ces saints autels !

Fait ailleurs que dans ce pieux Sanctuaire, l'éloge de cet homme remarquable à tant de titres, eût dû revêtir un caractère qu'il eût été bien au-dessus de moi de lui donner ; ici votre indulgente piété n'attend qu'un exposé simple et rapide de cette vie si pleine de grandes et belles choses, mais pardessus tout, éminemment chretienne. Heureux de déposer, en ce jour, aux pieds de l'image de Marie, que vénéra tant notre confrère, le récit de ses vertus et le souvenir de ses pieux exemples !!!

Hyppolite, Bonaventure Sabatier nacquit à Saint-Félix de Caraman (Haute-Garonne) dans une famille honorable dont le chef était consacré à la magistrature. Ses premières années se passèrent dans le collège qui dépendait du Chapitre établi alors dans cette petite ville.

C'est là, dans cet asyle pieux, consacré à la religion et à la science, que des maîtres habiles et saintement dévoués ont jeté dans le cœur de notre confrère les principes d'une inébranlable piété qui ne se sont jamais démentis, même aux jours que ses succès et les séductions du monde ont rendu les plus périlleux pour sa foi !

Les études du jeune Hyppolite furent solides et brillantes. A treize ans, il avait déjà terminé sa réthorique. Cette rapidité avec laquelle il acheva, en si peu de temps, son instruction littéraire, lui permit de consacrer quelques années de sa première jeunesse à ces travaux spéciaux que réclamait la carrière à laquelle sa famille le destinait.

Les précieuses qualités, les talents distingués qui faisaient présager de si belles espérances chez ce jeune homme, lui attirèrent la haute protection du général Cafarelli du Falga. Ce compatriote à qui sa science militaire avait acquis un poste éminent, le fit présenter, au moment de la révolution, aux examens de l'école du génie établie à Mézières.

Le jeune Sabatier sortit de cette épreuve avec tant de distinction qu'au lieu d'être placé à l'école, il fut jugé digne par ses connaissances d'être immédiatement dirigé sur l'armée des Pyrénées-Orientales où il vint faire ses premières armes.

C'est alors que commença cette noble carrière de dévouement et d'honneur qui lui mérita l'estime universelle et l'affection de tous ses frères d'armes.

Bien jeune en années, mais vieux en expérience, il obtint un prompt avancement et il était déjà investi du grade de capitaine lorsqu'il fut envoyé à l'armée du Rhin.

Aussitôt qu'un moment de paix pût lui faire croire son service actif inutile, son es-

prit modeste, poussé par le désir qu'il avai
de s'instruire encore, lui fit demander de sui-
vre, quoique capitaine, les cours de l'école
de génie de Metz.

Mais trois mois s'étaient à peine écoulés,
qu'il fut arraché à sa paisible passion de l'é-
tude, pour accompagner en Egypte, comme
son aide-de-camp, le général Caffarelli qu'il
aima et vénéra toujours comme un père.

Les triomphes de l'armée française marchè-
rent vite sur la terre de Sésostris. Alexandrie,
Rosette, le Caire étaient tombées en son
pouvoir; et du haut des vieilles et colossales
pyramides, quarante siècles avaient admiré la
valeur de nos soldats.

Le génie ardent du Général en chef se trouvait déjà à l'étroit dans ces vastes contrées; et
rêvant impatiemment de nouvelles découver-
tes, il voulut explorer le désert et il se dirigea
vers la Syrie.

Le capitaine Sabatier fut envoyé à Katieh,
pour préparer à l'armée une petite place de
dépôt. Manquant de tout dans ces profondes
solitudes, ne trouvant que quelques bouquets
de palmiers pour lui fournir des bois de construction, il réussit, néanmoins, si compléte-

ment à remplir la difficile mission qui lui était donnée, que lorsque Napoléon traversa Katich, il s'écria : « Voilà la première fois qu'on com- « prend ce que je veux! » Laconique parole qui sortie d'une telle bouche, était le plus magni- fique éloge que pût recevoir le jeune Capi- ta'ne.

Déjà une partie de l'armée avait traversé le désert, conduite par le général Régnier, et elle était arrivée près du fort d'El-Arich, défendu par les Turcs. Notre Capitaine fut en- voyé par deux fois en reconnaissance devant cette place qui deva't bientôt être occupée par nos troupes. Une grave blessure fut la suite de sa courageuse intrépidité. Une balle enne- mie vint traverser son bras et se loger dans sa poitrine où elle resta trois ans!!!

Etonnante coïncidence! Au moment même où le capitaine Sabatier venait de subir cette épreuve des braves, Napoléon, enthousiasmé de ses travaux à Katich, lui décernait, pour récompense, le grade de Chef de bataillon.

Mis hors de combat par cette cruelle bles- sure, le nouveau Chef de bataillon fut trans- porté à Gaza, devenue aussi la conquête de nos armes. Il demeura dans cette ville pendant toute la campagne de Syrie et rentra ensuite en Egypte, accablé de douleurs et de souffrances. Après le départ du général Bonaparte, résistant aux vives instances du général Kléber qui voulait le retenir auprès de lui, il obtint, de son amitié, la faveur alors bien enviée de tenter un retour en France. Au moment où le petit bâtiment qui le portait, voyait déjà les côtes de la patrie, un vaisseau anglais parût, et emmena tous les officiers français qui étaient sur ce navire, prisonniers à Mahon. Heureusement cette captivité ne fut pas longue : les Anglais, voulant se procurer des nouvelles sur l'état des affaires en France, envoyèrent à Toulon un parlementaire suivi de tous les prisonniers dont ils proposaient l'échange, et le commandant de la rade Toulonnaise captura le batiment Britannique et délivra notre confrère avec tous ses camarades.

Il fut ainsi rendu à sa famille dans le sein de laquelle il passa deux ans à Toulouse pour soigner sa blessure.

Autant le guerrier s'était montré hardi et intrépide sur le champ de bataille ; autant l'officier de génie s'était montré habile et expérimenté dans ses opérations ; autant le chré-

tien qui n'avait pas perdu de vue les pieux enseignements du collège de Saint-Félix, se
montra soumis, patient et résigné dans ses
longues souffrances et dans les pénibles con-
jonctures où il fut enveloppé !

Enfin, après bien d'inutiles tentatives, ac-
compagnées de cruelles douleurs, le fer des
chirurgiens réussit, en déchirant la poitrine,
à faire sortir la funeste balle qui avait causé
tant de tourments à notre confrère !

Rendu alors à sa vie active, le Chef de bataillon du génie reçut ordre de se diriger sur
Maëstricht, et bientôt il fut appelé en Italie,
comme chef du génie, pour la construction
de cette magnifique place d'Alexandrie où il
avait sous ses ordres dix-sept bataillons. Ces
immenses travaux l'occupèrent pendant plusieurs années.

Tout autre que lui aurait profité d'une position si avantageuse pour satisfaire les désirs
d'une ambition que son rare mérite aurait ren-
due légitime; mais, oublieux de lui-même et
de ses intérêts personnels, Hyppolite Sabatier
ne trouvait pas dans sa position, toute bril-
lante qu'elle était et qu'elle pouvait surtout
devenir, assez d'appats pour le distraire des

souvenirs de famille qui le suivaient partout.
Un amour fraternel, bien louable, lui fit sacrifier toutes ses espérances, pour se vouer
aux soins d'une sœur bien aimée. Il demanda
sa retraite, et se rendit généreusement auprès
d'elle à Saint-Félix de Caraman.

Mais à une époque où toutes les forces du
génie français étaient concentrées dans les
armées, où nulle pensée, nul bras n'était dis-
pensé de concourir à la grande œuvre du temps,
la guerre, un officier si distingué que notre
confrère ne pouvait être laissé calme et paisible aux douces jouissances et aux aimables
devoirs de la famille. Dans ces moments d'agi-
tation ou toute l'Europe était en émoi et toute
la France sous les armes, les droits de la famille étaient bien peu de chose; le guerrier
souverain lui avait appris à sacrifier tous ses
enfants sur l'autel toujours ensanglanté de la
patrie! Soit par le besoin qu'on éprouvait de
sa présence, soit par les sollicitations de ses
camarades impatients de lui voir reprendre
une carrière de succès que l'aménité de son
caractère les empêchait de regarder avec ja-
lousie, le Chef de bataillon Sabatier fut rap-
pelé au service, par un ordre impérial, dans

l'année même qui suivit sa retraite. Il rejoignit la grande-armée un peu avant la bataille d'Eylau à laquelle il assista près de l'Empereur.

Peu de temps après, il partagea avec son ami, le chef de bataillon Rogniat, les fatigues et la gloire du siège de Danzich, sous le commandement du Maréchal Lefebvre, qui l'honora de son amitié, l'appela dans tous ses conseils et lui demanda toujours son avis.

Les services qu'il rendit dans ce siége furent dignement récompensés. L'Empereur lui accorda successivement les grades de Major et de Colonel, la croix d'Officier de la Légion-d'Honnenr, le titre de baron et une dotation en Westphalie!!!

En quittant l'armée d'Allemagne, le colonel Sabatier fut envoyé en Espagne et suivit jusques à Tolède le quatrième corps du général Sébastiani.

Il assista au mémorable siège de Saragosse, et nous devons rappeler ici une circonstance touchante qui prouve combien était grande la bonté de son cœur!

Le Colonel Lacoste, son meilleur ami, investi d'un commandement important, vient de tomber sous le feu des assiégés : il est désigné pour le remplacer; mais navré de la douleur qu'il ressent de cette perte, il ne peut se résoudre à prendre ce commandement, et il consent à céder cet honneur au colonel Rogniat ! Noble et rare sacrifice fait à l'amitié !!!

La spécialité et l'étendue de ses connaissances le firent bientôt rappeler d'Espagne, et il fut envoyé à l'armée d'Allemagne , avec le titre de Directeur-général des parcs du génie. En cette qualité, il prit la plus grande part à la construction de ces fameux ponts de l'île d'In-der-Lobau, où le génie de l'homme soutint une si opiniâtre lutte contre les éléments déchainés qui furent, pour ainsi dire, contraints de se soumettre un moment à sa puissance ! Il assista aux sanglantes journées d'Essling et de Wagram, de Wagram où 400,000 hommes et 1500 pièces de canon figurèrent sur le champ de bataille !!!

Rentré en France à la paix, notre confrère contracta une union qui devait pendant vingt-huit ans faire le bonheur de sa vie. Il épousa à Bar-le-Duc, Mlle Louise de Morlaincourt, fille d'un Colonel du génie.

Dès ce moment, malgré les immenses travaux dont il fut chargé, comme Directeur des fortifications à Anvers, il se dévoua tout entier à sa femme et à ses enfants.

Lorsque ceux-ci furent en âge de recevoir les enseignements de la science, il ne voulut confier le soin de leurs études à aucune main étrangère. Il reprit avec ardeur ses livres de grec et de latin, et se consacra à la tâche pénible de précepteur unique de son fils ! C'est ainsi qu'il comprenait les devoirs de père !!!

Chassé d'Anvers en 1814, le colonel Sabatier continua ses services sous la première restauration. Il fut nommé d'abord Directeur des fortifications à Sarre-Louis, et bientôt après Chevalier de Saint-Louis et Maréchal-de-camp.

En 1815, ayant de nouveau uni ses destinées à celle de l'Empire, il commanda à Waterloo le génie du 6ᵉᵐᵉ corps de la grande-armée, sous les ordres du Comte Lobau.

A la deuxième restauration, il fut chargé de l'organisation du 1ᵉʳ régiment du génie et de l'inspection de cette arme.

L'amour passionné qu'il conserva toujours pour ce corps important de l'armée lui fit consentir à accepter un poste qui était au-dessous de son grade, le commandement de l'arsenal du génie. Peu importaient les honneurs à notre confrère, pourvu qu'il pût, dans des fonctions quelconques, satisfaire son goût pour le travail, et servir utilement son pays.

Enfin, en 1823, le gouvernement lui confia le commandement de l'Ecole royale d'application de l'Artillerie et du Génie de Metz. C'est dans ce poste important qu'il est demeuré jusqu'en 1831.

Une foule d'officiers distingués de notre armée, se rappellent avec bonheur et attendrissement son excellente et toute paternelle direction dans cette Ecole.

Des connaissances générales fort étendues, une érudition plus remarquable encore dans son art, un caractère affable et bon et néanmoins ferme dans le besoin, un sentiment religieux élevé qui donnait de la noblesse à tout son extérieur, formaient un ensemble de qualités précieuses qui le rendaient supérieurement apte à conduire la jeunesse.

La haute influence de ses bons exemples maintint, durant tout son séjour à l'Ecole, d'heureuses habitudes de vertu et de religion bien difficiles, dans la vie militaire, lorsque l'énergique volonté des chefs ne les secondent pas. Aussi un grand nombre d'élèves du général Sabatier, dispersés plus tard dans les rangs de notre armée, y ont-ils apporté les persévérantes pratiques qu'il leur enseigna à ne jamais abandonner. Le général éprouvait un sensible bonheur à voir ces fidèles élèves où à entendre parler d'eux. Dans plusieurs occasions les remarques qu'on lui fesait sur cette pieuse fidélité, lui arrachèrent des larmes de tendresse !!!

Tont entier aux soins de sa famille qui avec ses travaux de la direction de l'Ecole de Metz, firent pendant plusieurs années, toute l'occupation de sa vie, il refusa souvent les hautes positions que lui offrait la bienveillance dont l'honorait un prince aujourd'hui exilé ! Sa modestie fut forcée d'accepter pourtant quelques-unes des distinctions qu'il méritait à tant de titres ! C'est ainsi qu'il reçut, en 1820, la croix de commandeur de la Légion-d'Honneur, et plus tard, la plaque de Grand-Officier du même ordre !!!

La juste réputation que lui avaient acquise ses lumières le firent introduire, en 1831, dans le sein du comité des fortifications où sa science profonde et la prudence de ses conseils le firent remarquer comme un des plus habiles officiers-généraux de l'armée !

En 1833, une grande catastrophe vint altérer pour jamais le calme bonheur dont il jouissait ; une cruelle maladie enleva sa femme à sa tendre affection. Alors s'éleva en lui un terrible combat entre les sentiments de piété qui lui commandaient d'accepter avec résignation ce redoutable sacrifice et l'excessive sensibilité de son cœur désespéré de ce terrible événement ! La religion pourtant l'emporta sur la nature, mais celle-ci fut comme blessée à mort : une maladie lente mina dès ce moment ses jours et fit pressentir à ses chers enfants et à ses nombreux amis, le fatal résultat qui est venu depuis les désoler !

Le général dût alors abdiquer toutes ses fonctions, et il vint à Toulouse où il a édifié, jusqu'à sa mort, toute la cité, par l'exemple des plus douces vertus !

C'est à cette époque qu'il nous a appartenu d'une manière plus particulière, et que cette société eut le bonheur de le recevoir dans son sein !

Nulle pieuse pratique, nulle bonne œuvre

ne lui demeurèrent étrangères ! Associé aux travaux de la Société de Saint-Vincent-de-Paul, il répandait, avec largesse, dans les mains du pauvre, les plus abondantes aumônes. Que de misères ont été soulagées par ses secours ! Que d'infortunes ont été consolées par son affable compatissance !!!

Vous vous rappelez tous, Messieurs, la vie vraiment patriarchale qu'il mena dans cette paroisse toute embaumée de la bonne odeur de ses vertueux exemples ! Qu'il était beau et touchant de voir ce vieux guerrier, modeste comme un enfant, s'avançant à la table des anges, entouré de sa famille, maintenant veuve de sa présence !!!

Entre toutes les vertus, il en est une qu'il affectionna et pratiqua surtout avec une merveilleuse fidélité. Cette vertu, c'est celle qui est le fondement de la vie chrétienne, celle qui engendre, nourrit et féconde toutes les autres, l'humilité ! Notre confrère fut humble toujours, et de cette humilité entière et profonde qui constitue le véritable anéantissement de soi ; noble et sublime anéantissement qui défie pourtant en admirable puissance toutes les grandeurs de la terre ! Les tristes infirmités des derniers jours de sa vie mirent comme la dernière main à la perfection de cette précieuse vertu !!!

Ces consolants souvenirs, gages assurés du bonheur dont il jouit là haut, ont seúls pu calmer la désolation qu'a causée sa perte !

Sa mort fut douce et heureuse comme sa vie ! Ses forces affaiblies par ses fatigues, ses souffrances et ses douleurs, elle s'opéra sans effort et il s'endormit, le 9 octobre dernier, du sommeil de l'éternelle béatitude, accompagné des regrets de tous ceux qui le connurent !!!

Puisse-t-il, Messieurs, nous obtenir, de son céleste séjour, la grâce de vivre aussi saintement que lui, et de conquérir un aussi riche trésor d'éternelles récompenses !!! Puisse-t-il recevoir avec cette bonté indulgente qui était le fond de son caractère, ce faible et indigne hommage d'une profonde et respectueuse vénération !!!